돼지학교에 오신 것을
환영합니다!

백명식 글·그림

강화에서 태어나 서양화를 전공했습니다. 출판사 편집장을 지냈으며, 다양한 분야의 책과 사보, 잡지 등에 그림을 그리고 있습니다. 특히 어린이들이 좋아하는 책을 쓰고 그릴 때 가장 행복하다고 합니다. 그린 책으로는 《WHAT 왓? 자연과학편》《책 읽는 도깨비》《자연을 먹어요 시리즈》 등이 있으며, 쓰고 그린 책으로는 《인체과학 그림책 시리즈》《맛깔나는 책 시리즈》《저학년 스팀 스쿨 시리즈》 등이 있습니다. 소년한국일보 우수도서 일러스트상, 중앙광고대상, 서울일러스트상을 받았습니다.

곽영직 감수

서울대학교 물리학과와 미국 켄터키대학교 대학원에서 공부했습니다. 저서로는 《곽영직의 과학캠프》《교양 과학 고전》 등이 있으며, 어린이를 위한 과학 그림책인 《더더더 작게 쪼개면 원자!》《데굴데굴 공을 밀어 봐》 등이 있습니다. 《빅뱅》《신성한 기하학》 등을 우리말로 옮겼고, 《니코의 양자 세계 어드벤처》《어린이 과학 형사대 CSI》《공기를 타고 달리는 소리》 등 많은 책을 감수했습니다. 현재 수원대학교 물리학과 교수로 재직하고 있습니다.

마술 부리는 돼지

백명식 글·그림 | 곽영직 감수

초판 인쇄일 2014년 9월 10일 | **초판 발행일** 2014년 9월 25일
펴낸이 조기룡 | **펴낸곳** 내인생의책 | **등록번호** 제10호-2315호
주소 서울시 강서구 가양동 52-7 강서한강자이타워 A동 306호
전화 (02)335-0449, 335-0445(편집) | **팩스** (02)6499-1165
전자우편 bookinmylife@naver.com | **홈카페** http://cafe.naver.com/thebookinmylife
편집장 이은아 | **편집1팀** 신인수 이다겸 이지연 김예지 | **편집2팀** 박호진 이민해 조정우
디자인 양은정 심재원 | **마케팅** 이성민 서영광 | **경영지원** 김지연

ISBN 979-11-5723-090-7 74430
ISBN 978-89-97980-45-1 (세트)

ⓒ 백명식, 2014

책값은 뒤표지에 있습니다.
잘못된 책은 구입처에서 바꾸어 드립니다.

이 도서의 국립중앙도서관 출판시도서목록(CIP)은 e-CIP홈페이지(http://www.nl.go.kr/ecip)와
국가자료공동목록시스템(http://www.nl.go.kr/kolisnet)에서 이용하실 수 있습니다. (CIP제어번호: CIP2014025342)

돼지 학교 과학19

마술 부리는 돼지

산과 염기

백명식 글·그림 | 곽영직 감수

내인생의책

돼지학교 장기 자랑 대회가 일주일 앞으로 다가왔어.
누구는 춤을 추고, 누구는 노래를 부를 거래.
그런데 큰일이야.
데이지, 꾸리, 도니 모두 음치에 몸치거든.
"우리는 어떡하지?"
꾸리는 걱정스러운 표정이었어.
"먹는 거라면 자신 있는데."
도니가 어깨를 으쓱하며 말했어.

돼지 삼총사가 고민하다 못해 피그 박사님을 찾아갔어.
박사님은 실험에 열중하고 계셨어.
작은 철 조각에 투명한 액체를 쪼르르 붓자
연기가 나더니 철 조각이 순식간에 사라졌어.
"철 조각이 여기 있었는데. 어디 갔지?"
"산에 녹아 없어졌단다. 산은 금속을 녹이는 특별한 용액이지."
입이 떡 벌어진 꾸리에게 박사님이 설명하셨어.
"이거야! 산으로 마술을 부리는 거야!"
어깨 너머로 실험을 지켜보던 데이지가 소리쳤어.

꿀꿀 더 알아보기

산이란?

산(acid)은 '시다(acidus)'라는 라틴어에서 유래되었어요. 산을 띠는 물질은 신맛을 내요. 신맛을 내는 김치, 식초, 요구르트와 같은 음식에는 모두 산이 들어 있어요.

삼총사는 산이 어떤 성질을 가지는지 배우기로 했어.
산으로 마술을 부리면 모두 놀랄 것 같았거든.
"산은 금속뿐 아니라 돌도 녹일 수 있단다."
박사님이 이번에는 대리석 조각에 산을 부으셨어.
그러자 대리석이 거품을 내며 녹아 버렸지.
"우아, 진짜 녹았네!"
도니가 눈을 동그랗게 뜨고 소리쳤어.

꿀꿀 더 알아보기

금속과 대리석을 녹이는 산

산성비가 내리면 건축물이 부식돼요. 건축물을 지을 때 금속과 대리석을 많이 쓰는데, 산성비에 든 산이 금속과 대리석을 녹이기 때문이에요. 금속과 대리석은 모두 산에 녹지만, 산에 녹을 때 생기는 기체가 달라요. 금속은 수소 기체를, 탄산칼슘이 든 대리석은 이산화탄소 기체를 만들지요.

"으, 시큼한 냄새. 에취!"
데이지가 산이 담긴 비커에 입을 대려다 크게 재채기를 했어.
"어이쿠, 산을 입에 대면 안 돼!"
박사님이 산이 든 비커를 얼른 빼앗았어.
"신맛이 난다고 하길래 궁금해서 그만……."
데이지가 말을 얼버무렸어.
"실험실에서 쓰는 산은 강해서 화상을 입을 수 있단다. 절대 만져서도, 먹어서도 안 돼."
평소와 달리 박사님이 무섭게 말씀하셨어.

수소 이온이 얼마나 들었는지에 따라 산의 세기가 달라져.

내가 많으면 강산이야.

수소 이온

내가 적으면 약산이지.

꿀꿀 더 알아보기

약산과 강산

산은 세기에 따라 약산과 강산으로 나뉘어요. 산의 세기가 약한 약산은 먹을 수 있어요. 시큼한 식초(아세트산)나 새콤한 과일(시트르산), 톡 쏘는 음료수(탄산)에서 신맛을 내지요. 약산은 보통 음식이나 소독약에 쓰여요.
반대로 산의 세기가 강한 강산은 절대 먹어서도, 만져서도 안 돼요. 염산이나 황산 같은 강산이 혀나 피부에 닿으면 화상을 입기 때문이에요. 강산은 주로 공장이나 실험실에서 사용된답니다.

꾸리는 실험실을 둘러보다가 산 옆에 놓인 비커를 보았어.
염기라는 이름표가 붙어 있었지.
"박사님, 염기가 뭐예요?"
"꾸리가 특별한 용액을 발견했구나. 염기도 산처럼 마술을 부리는 용액이란다. 하지만 염기와 산은 성질이 달라."
"어떻게 다른데요?"
박사님 말씀에 데이지가 눈을 반짝였어.
"시큼한 산과 다르게 염기는 맛이 써. 또, 미끄럽기도 하지. 세수할 때 쓰는 비누가 염기로 이루어졌단다."
박사님이 비누를 들어 보이며 설명하셨어.

꿀꿀 더 알아보기

염기란?
염기(base)는 '기초(basis)'라는 그리스어에서 유래되었어요. 염기성을 띠는 물질은 쓴맛을 내고 미끈거려요. 우리가 쓰는 세제나 샴푸, 비누에 염기가 들어 있지요. 염기성 물질 가운데 물에 잘 녹는 물질은 '알칼리'라고 부른답니다.

염기는 어떤 마술을 부릴까?
박사님이 도니에게 머리카락을 한 가닥 달라고 하셨어.
그러고는 염기가 담긴 비커에 머리카락을 쏘옥 넣었지.
"킁킁. 어디서 타는 냄새가 나요."
"앗, 머리카락이 사라졌어!"
도니가 코를 벌름거리는 사이 꾸리는 비커를 보고 깜짝 놀랐어.
"하하하. 머리카락이 염기에 녹아서 나는 냄새란다.
염기에 들어 있는 수산화 나트륨이 머리카락을 녹이기 때문이지."
"수산화 나트륨이라고요?"
박사님 설명에 데이지가 고개를 갸우뚱했어.

꿀꿀 더 알아보기

단백질을 녹이는 염기

하수구가 막혔을 때 세제를 넣으면 하수구가 뻥 뚫려요. 하수구를 틀어막고 있던 머리카락을 염기가 녹이기 때문이에요. 머리카락은 단백질로 구성되어 있는데, 단백질에 든 아미노산을 염기가 분해해요.

"염기도 약한 염기와 강한 염기가 있단다."
"그럼 약산처럼 우리에게 도움을 주는 착한 염기도 있겠네요?"
"착한 염기라! 그거 딱 맞는 말이구나."
데이지의 재치에 박사님이 손뼉을 치셨지.
그때였어. 갑자기 '뿌웅' 하고 커다란 방귀 소리가 들렸어.
"헤헤. 아까 고구마를 많이 먹었거든."
방귀 대장 도니가 능청스럽게 웃었어.
"방귀에도 착한 염기가 들어 있단다."
"착한 염기여도 냄새는 지독하네요."
박사님과 데이지가 숨을 참느라 코맹맹이 소리로 이야기했어.

양잿물 = 수산화 나트륨 + 물

강염기는 조심히 다루어야 해.

수산화 나트륨
(가성 소다)

꿀꿀 더 알아보기

약염기와 강염기

염기도 세기에 따라 약염기와 강염기로 나뉘어요. 약염기는 우리 생활에 도움이 되는 착한 염기예요. 때를 없애는 세제와 비누, 머리를 꼬불거리게 만드는 파마 약, 땅에 뿌리는 비료 등이 착한 염기예요. 반면 강염기는 절대 가까이하면 안 돼요. 수산화 나트륨이 대표적이지요. 수산화 나트륨이 피부에 닿으면 우리 몸은 심한 화상을 입어요. 그래서 강염기는 절대 만져서도 먹어서도 안 된답니다.

"그런데 착한 산과 착한 염기를 어떻게 구별해요?"
"착한 산을 쉽게 알아볼 수 있으면 먹기 편할 텐데."
꾸리가 질문하자 먹보 도니도 관심을 보였어.
"산과 염기는 숫자를 붙여 그 세기를 구분한단다. 세기는 pH(피에이치)라는 단위를 이용해. 중성인 pH7을 기준으로 pH가 7보다 작으면 산이고, 7보다 크면 염기지."
박사님이 조근조근 알려 주셨어.

pH0 pH1 pH2 pH3 pH4 pH5 pH6 pH7 pH8

강산성

살균력이 강해요.

약산성

위산
레몬

우유
식초
탄산음료

pH는 14단계로 나뉘어.

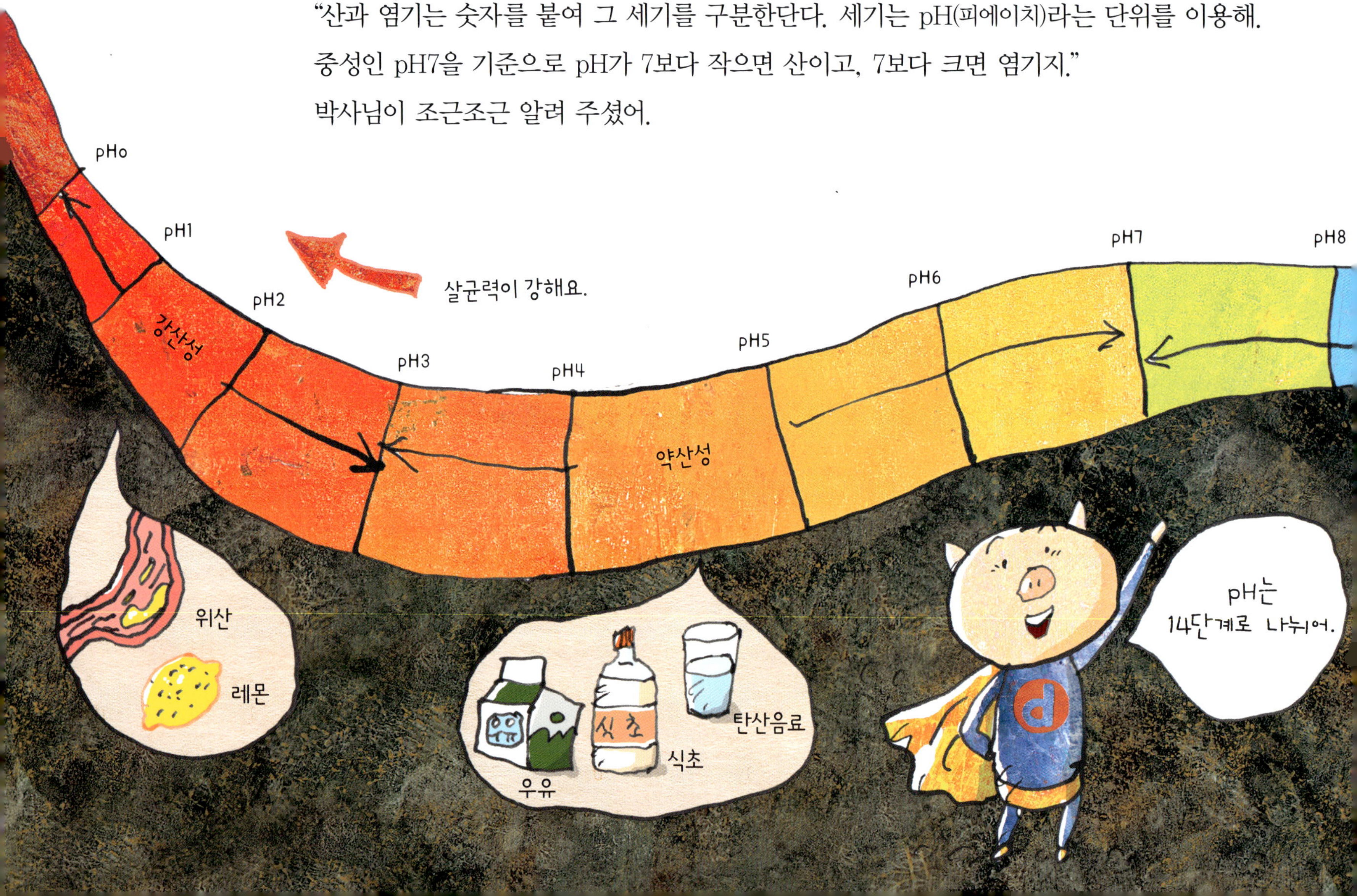

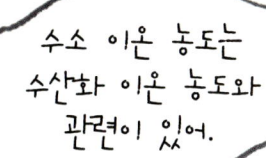
수소 이온 농도는 수산화 이온 농도와 관련이 있어.

pH = 수소 이온 농도

"그럼 pH7에 가까운 산은 먹을 수 있겠네요?"
"그렇지. 먹는 이야기를 하니 도니가 열심이구나."
도니의 먹성에 박사님이 빙긋 미소 지으셨어.
그때 누군가 똑똑똑 문을 두드렸어.
구들이 아저씨였지.

수소 이온이 늘면 수산화 이온이 줄고, 반대로 수소 이온이 줄면 수산화 이온이 늘어.

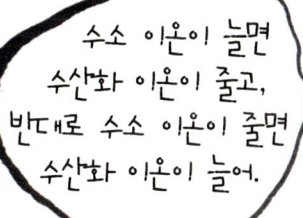

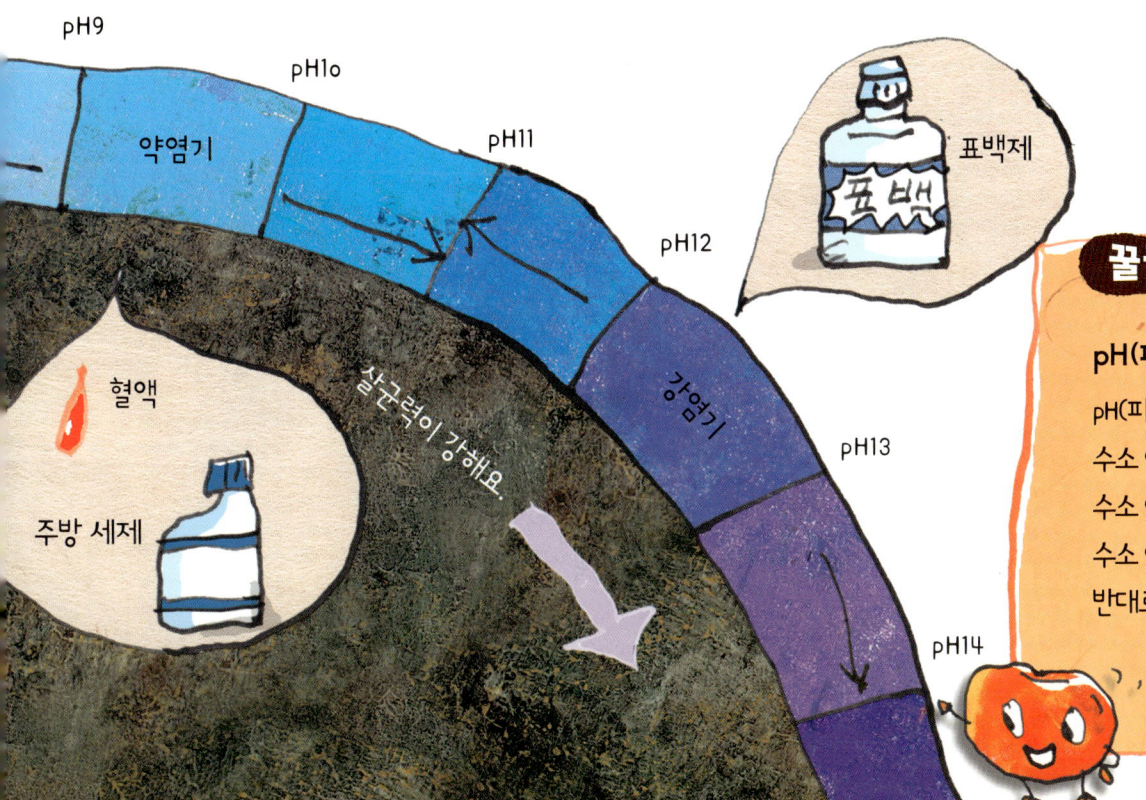

꿀꿀 더 알아보기

pH(피에이치)

pH(피에이치)는 산성과 알칼리성이 어느 정도인지 수소 이온 농도를 알려 주는 수치예요. 수소 이온의 농도에 따라 pH의 수치가 정해지지요. 수소 이온이 많을수록 산에 가깝고 pH는 낮아요. 반대로 수소 이온이 적을수록 염기에 가깝고 pH는 높지요. 중성은 pH7이에요. pH가 7보다 작으면 산성, 7보다 크면 염기성이에요.

"열심히 공부하고 있었구나. 그럼 상을 줘야지!"
구들이 아저씨가 가방에서 간식을 꺼내 주셨어.
"와, 내가 좋아하는 이온 음료네."
데이지가 활짝 웃으며 말했어.
"안 그래도 배가 좀 고팠거든요. 구들이 아저씨 최고!"
도니가 입맛을 다셨지. 꾸리도 간식이 반가운 눈치였어.
그런데 음료수를 마시던 데이지가 갑자기 음료수 캔을 유심히 보았어.
"알칼리성 이온 음료라고 쓰여 있어요. 그럼 이 음료수는 염기인가요?"
"이 음료수는 산성이란다. 산성인 음료수가 몸속으로 들어가
알칼리성으로 바뀌기 때문에 알칼리성 식품이라 부르지."
박사님이 알려 주셨어.

꿀꿀= 더 알아보기

산성 식품과 알칼리성 식품

우리가 먹는 식품은 산성 식품과 알칼리성 식품으로 나눌 수 있어요. 이때, 음식이 산성인지 염기성인지를 따지지 않아요. 음식이 몸속에서 소화된 뒤에 만들어진 물질이 산성인지 염기성인지에 따라 정하지요. 산성 식품은 소화된 뒤에 산성 물질을 만들고, 알칼리성 식품은 알칼리성(염기성) 물질을 만든답니다.

"박사님, 알칼리성은 이제 알겠는데 이온은 뭔지 모르겠어요."
꾸리는 궁금증이 풀리지 않는 모양이었어.
"이온은 전기를 띤 작은 알갱이를 말한단다.
이온이 들어 있는 용액에서는 전류가 흐르지.
산은 수소 이온을, 염기는 수산화 이온을 가진다고 했던 것 기억나니?
그래서 산과 염기에도 전기가 흐른단다."
박사님이 꾸리에게 설명해 주셨어.

"산과 염기에 전기가 흐른다고요?"
데이지가 귀를 쫑긋 세우며 물었지.
"산과 염기에 든 이온이 전류를 흐르게 한단다.
우리가 편리하게 쓰는 건전지도 이런 원리로 만들어졌지."
"산과 염기는 전기에서도 마법을 부리네요!"
박사님 말씀에 도니가 무릎을 탁 쳤어.

설탕물에는 이온이 없어서 전기가 흐르지 않아.

이온은 물속에서 자유롭게 돌아다녀. 그래서 전류가 흐르지.

설탕

극성을 띠지 않는 설탕 알갱이

꿀꿀 더 알아보기

이온을 가지는 산과 염기

원자는 물질의 가장 작은 단위예요. 원자가 전기를 띤 상태를 이온이라고 하는데, 이온이 있는 물질은 전류가 흘러요. 산과 염기는 모두 이온을 가지기 때문에, 전기가 통한답니다.

박사님은 장미꽃으로 지시약을 만들기 시작하셨어.
깨끗이 씻은 꽃잎을 물에 넣고 끓이자 물이 빨갛게 변했지.
"이제 지시약을 이용해 산과 염기를 가려낼 차례야. 잘 보렴."
박사님이 지시약이 든 비커에 투명한 용액을 떨어뜨리자
지시약의 색이 순식간에 바뀌었어.
"레몬처럼 노란빛이 되었어요."
"박사님, 그럼 이 용액은 염기군요!"
도니와 꾸리가 지시약의 능력에 엄지손가락을 치켜들었어.

꿀꿀 더 알아보기

지시약의 종류

1. 리트머스 종이
종이로 된 지시약으로, 산성 용액이나 염기성 용액을 종이에 떨어뜨리면 색이 변해요. pH 시험지도 종이 지시약 중 하나예요.

2. 페놀프탈레인 용액
액체로 된 지시약으로 염기성 용액을 떨어뜨리면 색이 바뀌어요. 리트머스 용액, 메틸오렌지 용액, BTB 용액 등도 액체로 된 지시약이랍니다.

3. 그 밖의 지시약
집에서 직접 만들 수 있는 지시약도 있어요. 양배추나 장미꽃을 끓여 만들 수 있지요. 양배추나 장미꽃에 든 색소는 산과 염기에 따라 색이 달라지는 성질이 있거든요.

"지시약으로 마술을 부려 보면 어떠니?"

박사님 말씀에 데이지가 마술사 흉내를 냈어.

"흰 종이에 투명한 물약으로 그림을 그릴게요. 아무것도 보이지 않죠?"

데이지는 페놀프탈레인 용액으로 그림을 그린 종이에 염기성 용액으로 살살 붓질하며 말했어.

"제가 주문을 외우면 그림이 나타난답니다. 꾸리꾸리꿀꾸리, 얍!"

그러자 아무것도 없던 종이에 그림이 천천히 드러났지.

"제법이구나. 진짜 마술사라고 해도 되겠는걸!"

박사님이 데이지를 대견해하셨어.

지시약의 원리, 간단하지?

석회수와 페놀프탈레인 용액을 이용한 마술이야.

페놀프탈레인 용액을 안쪽에 묻힌 컵이에요.

이 컵에 석회수를 넣으면 서서히 분홍색으로 변해요.

꿀꿀 더 알아보기

지시약 색깔이 바뀌는 이유

지시약은 이온의 종류에 따라 색이 달라져요. 지시약에 닿는 물질이 수소 이온을 가지는 산성인지, 수산화 이온을 가지는 염기성인지에 따라 지시약의 색이 바뀌지요.

또, 지시약은 이온 농도에 따라 색이 달라지기도 해요. 산성이라면 강산을 띠는지, 약산을 띠는지에 따라 색이 변하기도 한답니다.

"어머나, 이걸 어째!"
마술을 연습하던 데이지가 다급하게 외쳤어.
도니와 꾸리가 얼른 달려갔지.
"산에다 그만 염기를 쏟아 버렸어."
"이상하다, 산이랑 염기가 섞였는데 물이 생겼어."
"바닥에 가라앉은 흰색 알갱이는 뭘까?"
삼총사가 비커를 들여다보며 말했어.
"중화 반응이 일어난 거란다. 산과 염기가 만나면 물과 소금이 생기지."
산과 염기가 만나 물과 소금이 생기다니, 믿기지 않아!

수소 이온이 수산화 이온과
만나 물이 되고,
나트륨 이온이 염화 이온과
만나 소금이 된단다.

꿀꿀< 더 알아보기

중화 반응

산과 염기가 만나면 원래 성질을 잃고, 물과 소금을 만들어 내요. 이런 반응을 중화 반응이라고 해요. 중화 반응이 일어나면 산도 염기도 아닌 pH7 중성 상태가 돼요. 수산화 나트륨($NaOH$)에 염산(HCl)을 넣으면 물(H_2O)과 소금($NaCl$)이 만들어지는 것이 대표적인 중화 반응이지요.

"아이쿠! 박사님, 갑자기 배가 아파요."
구들이 아저씨가 얼굴을 찡그리며 괴로워하셨어.
"속이 쓰려서 견딜 수가 없어요."
"위산이 많이 분비되어 그래요. 중화가 필요하겠군."
박사님은 바쁘게 움직이더니 얼른 제산제를 만들어 주셨지.
"배 속에서 산이 나온다고요?"
"위에서는 강한 산성을 띤 위산이 분비된단다.
제산제는 염기성이라 위산을 중화시켜 줄 거야."
도니가 질문하자 박사님이 알려 주셨어.

꿀꿀즈 더 알아보기

생활 속 중화 반응

중화 반응은 우리 생활에서 유용하게 쓰여요. 비린내(염기성)가 나는 생선에 레몬(산성)을 뿌리면 비린내를 없앨 수 있어요. 벌침(산성)에 쏘인 상처에 암모니아수(염기성)를 바르면 부기가 가라앉고요. 또, 샴푸(염기성)로 머리를 감은 뒤 식초(산성)를 몇 방울 떨어뜨려 헹구면 푸석푸석한 머릿결이 부드럽게 정돈된답니다.

우리 몸은 산과 염기를 알아서 조절하는 능력을 지녔어요.

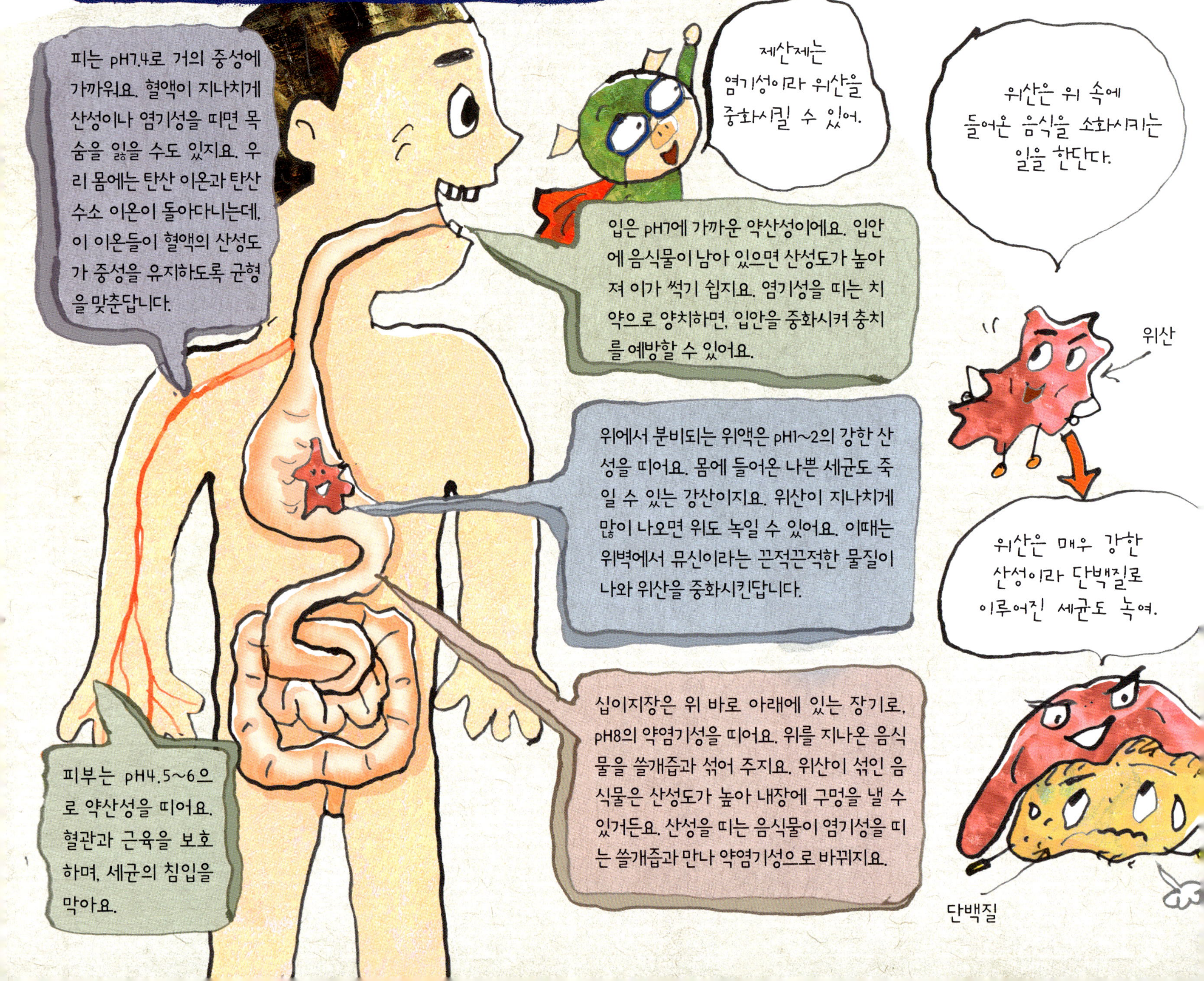

피는 pH7.4로 거의 중성에 가까워요. 혈액이 지나치게 산성이나 염기성을 띠면 목숨을 잃을 수도 있지요. 우리 몸에는 탄산 이온과 탄산 수소 이온이 돌아다니는데, 이 이온들이 혈액의 산성도가 중성을 유지하도록 균형을 맞춘답니다.

제산제는 염기성이라 위산을 중화시킬 수 있어.

위산은 위 속에 들어온 음식을 소화시키는 일을 한단다.

입은 pH7에 가까운 약산성이에요. 입안에 음식물이 남아 있으면 산성도가 높아져 이가 썩기 쉽지요. 염기성을 띠는 치약으로 양치하면, 입안을 중화시켜 충치를 예방할 수 있어요.

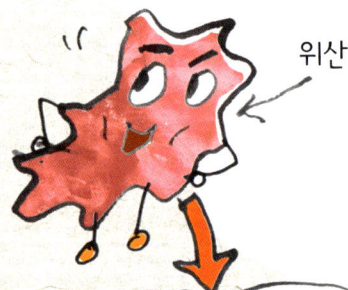
위산

위에서 분비되는 위액은 pH1~2의 강한 산성을 띠어요. 몸에 들어온 나쁜 세균도 죽일 수 있는 강산이지요. 위산이 지나치게 많이 나오면 위도 녹일 수 있어요. 이때는 위벽에서 뮤신이라는 끈적끈적한 물질이 나와 위산을 중화시킨답니다.

위산은 매우 강한 산성이라 단백질로 이루어진 세균도 녹여.

십이지장은 위 바로 아래에 있는 장기로, pH8의 약염기성을 띠어요. 위를 지나온 음식물을 쓸개즙과 섞어 주지요. 위산이 섞인 음식물은 산성도가 높아 내장에 구멍을 낼 수 있거든요. 산성을 띠는 음식물이 염기성을 띠는 쓸개즙과 만나 약염기성으로 바뀌지요.

피부는 pH4.5~6으로 약산성을 띠어요. 혈관과 근육을 보호하며, 세균의 침입을 막아요.

단백질

"아까보다 덜 아프네요. 박사님 덕분이에요."
구들이 아저씨는 한결 나아진 표정이었어.
"아저씨가 제산제를 더 드셔야 할까요?"
데이지가 아저씨를 걱정하며 말했어.
"우리 몸은 스스로 산과 염기를 조절한단다.
좀 나아졌다니 몸이 스스로 회복하길 기다려 보자꾸나."
박사님이 데이지를 토닥이셨지.

"데이지가 마술에 푹 빠졌군."

장기 자랑 대회가 열리기 하루 전이었어.
삼총사가 모여 마술을 연습하고 있었지.
"오늘도 마술을 부리고 있구나."
구들이 아저씨가 삼총사를 찾아오셨어.
"아저씨, 이제 안 아프세요?"
데이지가 아저씨를 반기며 물었어.
"다 나았단다. 장기 자랑을 열심히 준비한다기에 간식을 이것저것 챙겨 왔지."
"역시 구들이 아저씨밖에 없어요!"
아저씨가 간식을 꺼내자 도니가 신이 났어.

꿀꿀𝑠 더 알아보기

균형 잡힌 식습관
고기, 패스트푸드 같은 산성 식품과 채소, 과일 같은 알칼리성 식품을 골고루 먹어야 건강해져요. 우리 몸은 산과 염기의 균형을 알아서 잘 조절하지만, 산성 식품이나 알칼리성 식품 중 한쪽만 많이 먹으면 몸에 이상이 올 수도 있어요.

후두두둑.
간식을 먹고 있는데 갑자기 빗줄기가 창을 때렸어.
"이런 비가 내리는구나."
구들이 아저씨의 얼굴빛이 흐려졌어.
"비가 오면 세상이 깨끗해지고 좋잖아요."
꾸리 말에 아저씨가 걱정스러운 목소리로 대답하셨어.
"산성비는 땅과 강을 황폐하게 만들거든.
도시에도 산성비가 내려서 좋을 일은 없단다."

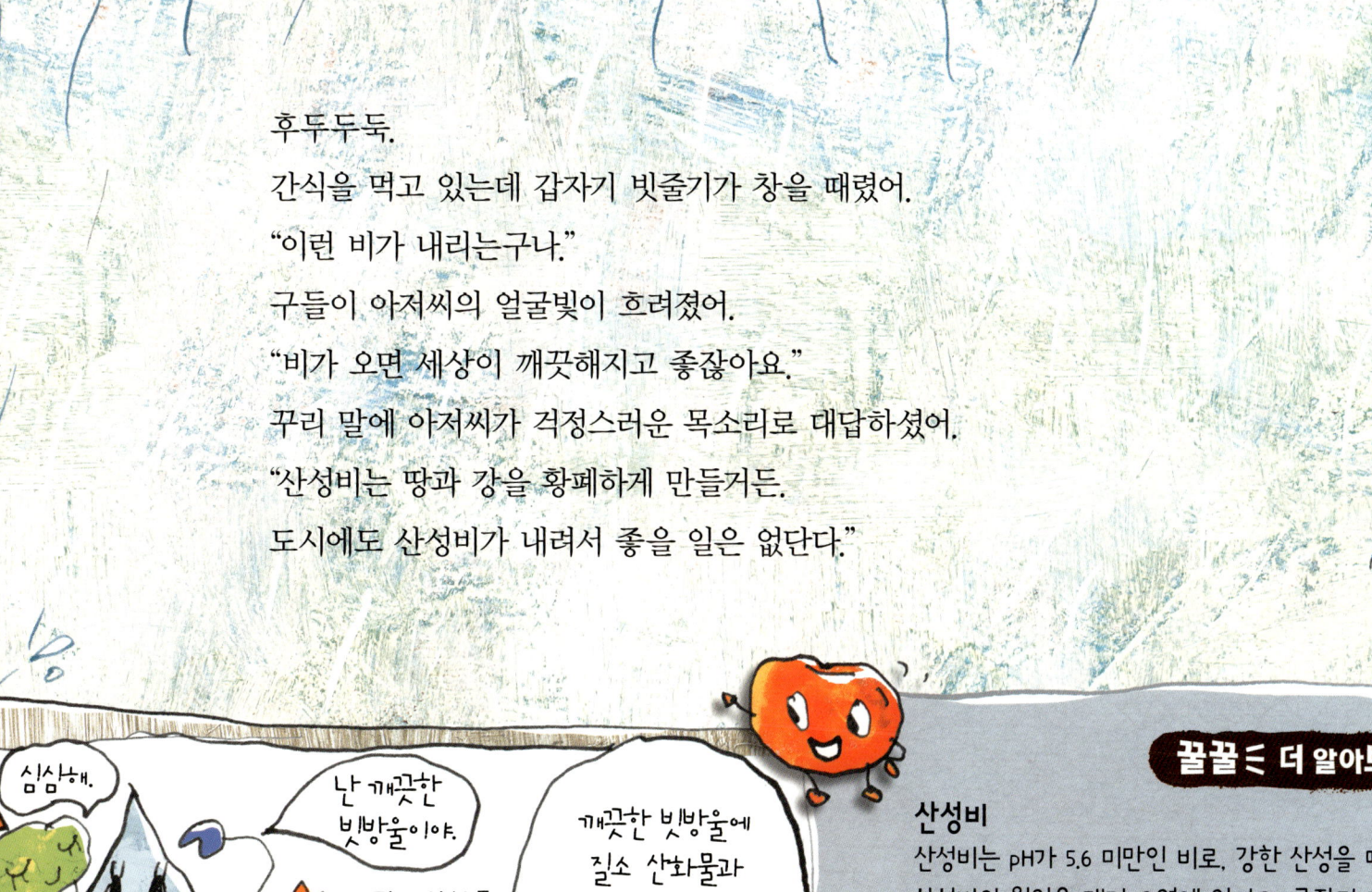

꿀꿀~ 더 알아보기

산성비
산성비는 pH가 5.6 미만인 비로, 강한 산성을 띠어요. 산성비의 원인은 대기 오염에 있어요. 공장과 자동차에서 나오는 황산화물과 질소 산화물이 대기를 오염시키고, 빗물이 이런 오염 물질과 섞여 산성비가 되지요. 산성비는 생태계와 우리 생활에 커다란 피해를 끼쳐요. 산성비에 젖은 흙에서는 식물이 제대로 자라지 못하고, 산성비가 섞인 물속에서는 생물들이 살아남기 어려워요. 또, 산성비는 금속과 대리석을 녹여 소중한 문화유산을 망가뜨리기도 해요.

돼지학교의 장기 자랑 대회가 시작되었어.
"이건 마술이 걸린 잔이에요. 주문을 외우면 잔의 색이 바뀐답니다.
꾸리꾸리꿀꾸리, 얍!"
데이지가 주문을 외치고, 도니가 살짝 잔을 흔들자
투명하던 잔이 자줏빛으로 물들었어.
"우아, 정말 신기한데!"
산과 염기 마술이 끝나자 뜨거운 박수가 쏟아졌어. 삼총사는 상까지 받았지.
삼총사의 멋진 무대를 만들어 주고, 생활을 편리하게 해 주고……
산과 염기는 우리에게 참 고마운 존재 같아.

용감한 돼지 삼총사와 떠나는 창의적 융합과학 교과서

돼지학교 과학

노래를 들어 봐요 ♪

돼지학교 시리즈는 초등 과학의 4가지 영역인 생명, 지구와 우주, 물질, 운동과 에너지 분야를 재미있는 이야기를 통해 아이들 스스로 과학적 지식을 익힐 수 있게 구성된 과학책입니다. 돼지 삼총사와 함께 떠나는 신 나는 과학 여행! 그 속에서 여러 가지 미션을 수행하며 자연스럽게 창의적 문제 해결력을 키울 수 있습니다.

- 한 권 한 권 읽을 때마다 과학 지식이 차곡차곡!
- 돼지 삼총사와 떠나는 모험으로 과학적 호기심이 쑥쑥!
- 흥미로운 이야기로 창의적 문제 해결력이 팍팍!

돼지학교 과학

  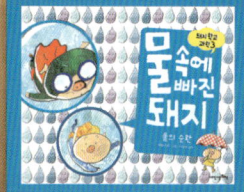  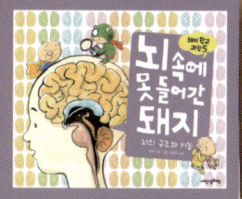